Neue Fingerspiele für die Kita

Mit Spiel & Spaß Grundkompetenzen stärken

Praxisreihe Kindergarten

Inhalt

Fingerspiele und und mathematische Grunderfahrungen

Fingerspiele für Konzentration und Aufmerksamkeit

Fingerspiele für Krippenkinder

Fingerspiele mit Pfiff

Kleine Reime – große Wirkung

Was Fingerspiele alles können! Die kurzen Gedichte und Geschichten mit Fingerbegleitung sind viel mehr als einfach nur Reime. Mit den Fingerspielen aus diesem Heft können Sie ganz leicht die Sprachbildung, Motorik, mathematische Grunderfahrungen sowie die Konzentration Ihrer Kinder fördern. Und auch für Kinder unter drei Jahren sind Fingerspiele enthalten.

MIT FINGERSPIELEN FÖRDERN

Jedes Fingerspiel ist schon an sich ein echtes Förderpaket. Mit den kleinen Reimen trainieren sich die Kinder viele unterschiedliche Fähig- und Fertigkeiten an. Dabei ist das Zusammenwirken von gebundener Sprache – in Form von Reimen – und körperlicher Erfahrung entscheidend, es ist besonders einprägsam und spricht das Interesse der Kinder an. Auch durch die Kürze der Texte sind Fingerspiele attraktiv, sie halten das Interesse der Kinder über die Spieldauer hinweg hoch. Viele Fingerspiele haben sogar eine kurze Erzählhandlung – und werden dadurch noch spannender.

MIT FINGERSPIELEN DIE SPRACHBILDUNG UNTERSTÜTZEN

Fingerspiele sind ein besonders wertvolles Werkzeug, wenn es darum geht, die Sprachbildung zu begleiten und zu unterstützen. Mit wenigen Worten erzählen sie kleine Geschichten. Die Handlung ist oft so ausgelegt, dass sie für die Kinder interessant und fesselnd ist. Ähnlich wie Geschichten oder sogar ganze Romane folgen die erzählten Ereignisse in kürzester Form einer bestimmten, sinnvollen Reihenfolge. Beim Nach- oder Wiedererzählen lernen die Kinder diese Reihenfolge zu berücksichtigen. Sie verstehen, wie sprachliche Inhalte aufeinander aufbauen, um sinnvoll zu sein. Damit machen die Kinder wertvolle Erfahrungen im Bereich Literacy.

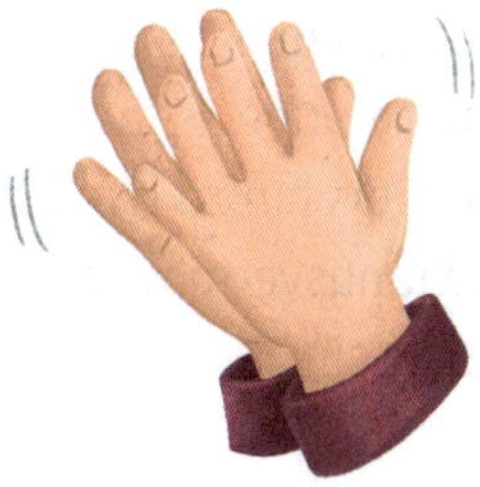

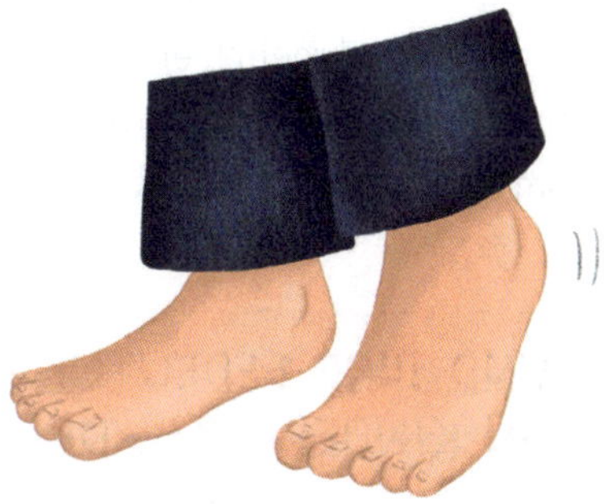

Ein weiterer wichtiger Aspekt ist die Tatsache, dass Fingerspiele beim Durchführen ganz ohne Schrift auskommen, die Kinder lernen sie nur durch Zuhören. Beim Erinnern des Textes helfen ihnen die gereimte und rhythmisierte Sprache und die Bewegungen. In einer Zeit, in der visuelle Informationen uns oft überfordern, kommt es uns vielleicht ungewohnt vor, nur durch genaues Zuhören und Erinnern Geschichten zu erzählen. Aber genau dieser Zusammenhang zwischen Hören, Erinnern und Wiedererzählen(können) ist ein wichtiger Baustein bei der Sprachbildung und Sprachförderung.

Auch die sogenannte auditive Wahrnehmung (das genaue Hinhören) und konkreter die auditive Diskrimination (die Fähigkeit, Unterschiede zwischen Sprachlauten und auditiven Stimuli zu erkennen) werden hier gefördert: Bei Reimen machen die Kinder die Erfahrung, dass sie nur durch das Verändern des Anlautes ein völlig neues Wort und einen ganz anderen Sinnzusammenhang erschaffen können. Das Heraushoren des Anlauts eines Wortes wird auf diese Weise ganz unbewusst und spielerisch trainiert.

Zu guter Letzt entführen Fingerspiele die Kinder für wenige Minuten in eine andere Welt, so wie Bücher und Filme es auch tun. Dies lädt die Kinder dazu ein, sich in Szenarien hineinzudenken, was wiederum die Fantasie und die Kreativität anregt. Das Einfühlen in die Hauptfiguren und Handlungsträger der Fingerspiele ist wichtig für die Entwicklung von emotionalen und sozialen Kompetenzen. In diesem Sinne sind Fingerspiele ein wunderbares Mittel, um die Kinder in ihrer emotionalen, sozialen und sprachlichen Entwicklung zu begleiten. Aber die kleinen Sprüche können noch mehr.

Fingerspiele und ihre Bedeutung für Kognition und Motorik

Das Begleiten der Reime mit den Händen erfordert eine gewisse Finger- und Handgeschicklichkeit, es trainiert also die Feinmotorik. Das Erzählen mit den Händen stärkt zudem Sehnen, Bänder und Muskeln der Finger und der Hand. Es erhöht ganz allgemein die Beweglichkeit, Kraft und Empfindungsfähigkeit der Finger, Fingerspitzen und Hände und kann so später sehr nützlich sein, wenn die Kinder immer feinere und spezifischere Bewegungen mit Fingern und Händen durchführen, wie beispielsweise beim Schreibenlernen. Die Beweglichkeit und Sensitivität der Hände stehen laut neuerer Forschung wahrscheinlich auch im Zusammenhang mit kognitiven Fähigkeiten wie zum Beispiel der Auge-Hand-Koordination. Diese ist wichtig für das Schreiben, aber auch das Tippen auf Tastaturen.

FINGERSPIELE UND MATHEMATISCHE GRUNDERFAHRUNGEN

Mathematische Fähigkeiten sollen ebenfalls mit der Empfindungsfähigkeit der Hände in Verbindung stehen. Viele Fingerspiele verbinden beispielsweise das Mitzählen von null bis fünf mit entsprechenden Fingerbewegungen und dazu passender sprachlicher Information. Erfahrungen mit Mengenbegriffen (weniger und mehr), erstem Zählen und Rechnen bis hin zu logischem Denken (Reihenfolgen beim Erzählen und Zählen) und räumlichem Vorstellungsvermögen (bei den Bewegungen der Finger im Raum) können die Kinder hier ebenfalls sammeln.

FINGERSPIELE UND IHRE BEDEUTUNG IN DER BILDUNG UND BETREUUNG VON KINDERN BIS DREI JAHREN

Für Kinder unter drei Jahren kommt bei Fingerspielen noch ein weiteres wichtiges Moment dazu: Fingerspiele werden hier häufig eingesetzt, um die sogenannten Mikrotransitionen im Tagesablauf zu begleiten und für die Kinder zu erleichtern. Hier können kleine Rituale helfen, bei denen Lieder, Reime oder Fingerspiele herangezogen werden. Ein Fingerspiel, das immer vor dem Mittagsschlaf durchgeführt wird, kann diesen Übergang für das Kind verständlicher machen. Häufige Wiederholungen sind wichtig, bis ein Fingerspiel zum ständigen Begleiter geworden ist. Auf diese Weise können sehr junge Kinder Übergänge besser einschätzen und selbsttätig Weltsicherheit und Orientierung in Zeit und Raum erlangen.

ALTE UND NEUE FINGERSPIELE

Fingerspiele müssen heute auch Anforderungen der Diversität genügen. Wie bei Kinderliedern können Sie auch hier mit wachsamem Auge Inhalte prüfen. Gerade ältere Fingerspiele können beispielsweise rassistische oder anderweitig diskriminierende Elemente enthalten und genügen in ihrer Sprache heutigen Anforderungen nicht oder kaum noch. Als Vorbild und im Rahmen der BNE-Richtlinien können Sie fragwürdige Inhalte, Lieder und Reime aus Ihrem Repertoire streichen (zum Beispiel Lieder wie „Zehn kleine Negerlein" oder „Spannenlanger Hansel, nudeldicke Dirn", der Begriff „Zwerg" usw.). Die Fingerspiele in diesem Heft sind – abgesehen von den zwei Klassikern „Das ist der Daumen" und „Hier hast du 'nen Taler" – bisher unveröffentlicht und in ihrer Sprache und Aussage modern.

Fingerspiele

für die Sprachbildung

Fingerspiele sind wegen ihrer kurzen, aber konkreten Handlung und der gereimten Sprache ein tolles Werkzeug bei der Sprachbildung und Sprachförderung. In diesem Kapitel finden Sie Fingerspiele, die kleine Geschichten erzählen. So nähern sich die Kinder dem Verstehen, Erfinden und Wiedergeben von Erzählungen an. Der Aufbau von Fingerspielen in Stationen (der Daumen, der Zeigefinger usw.) trägt dazu bei, Strukturen von erzählten Inhalten erfassen und besser erinnern zu können.

Ab 3 Jahren

Fünf kleine Mäuse

Ein Fingerspiel der Reihe nach

An den Fingern können die Kinder bei diesem Fingerspiel genau mitzählen, wie weit sie in der Geschichte der fünf kleinen Mäuse sind. Das hilft ihnen dabei, die Handlung des Fingerspiels besser zu behalten.

Fünf kleine Mäuse,
die sitzen vor dem Haus.
die Hand mit den fünf Fingern zeigen und
mit den Fingern wackeln

Von oben kommt die Eule,
da reißen alle aus!
Flatterbewegungen mit den Händen machen

Die erste flieht unter ein Blatt,
die zweite zieht eine Blüte herab.
wieder die Hand zeigen, Daumen und
Zeigefinger einklappen

Die dritte huscht, so schnell sie kann,
unter die Wurzeln der alten Tann'.
den Mittelfinger einklappen

Die vierte flitzt ins Häuschen.
Und wo ist das letzte Mäuschen?
den Ringfinger ebenfalls einklappen,
dann umgucken oder am Kinn kratzen

Das hat die Eule ja übersehen,
da kann es gemütlich spazieren gehen.
mit dem kleinen Finger wackeln

TIPP Malen Sie Ihre Fingerspitzen doch als Mäuse an (mit Schnurrhaaren und Augen). Auch Maus-Fingerpuppen eignen sich.

Förderschwerpunkt: Textverstehen · Merkfähigkeit

Der kleine Igel will Schlafen

Ab 3 Jahren

Ein Mitmachgedicht in Stationen

In diesem Mitmachgedicht erleben die Kinder, wie es ist, wenn man als Igel Winterschlaf halten möchte, aber ständig gestört wird: Zuerst ist es ein Rabe, dann kommen laute Wildschweine – nur die Kinder haben Verständnis für den kleinen Igel.

Der kleine Igel kuschelt sich hin,
schlafen, das hat er im Sinn.
den Kopf auf die gefalteten Hände legen wie zum Schlafen und Schnarchgeräusche machen

Ach, wie gemütlich ist es im Nest,
doch ein lautes Krächzen, das stört ihn jetzt.
aufschrecken

Der Rabe ist es, jetzt fliegt er weg,
der Igel nickt ein in seinem Versteck.
Flatterbewegung, dann wieder das Schlafen nachstellen

Doch da schreckt er hoch, ein Stampfen, ganz nah,
ein Wildschweinkind mit seiner Mama.
laut stampfen

Die suchen nach Pilzen, dann stampfen sie weg,
der Igel nickt ein in seinem Versteck.
stampfen, dann wieder das Schlafen nachstellen

Doch da: ein Rascheln, ein Lachen, Kinder sind das,
die toben und spielen im Laub und im Gras.
toben, jubeln

Sie sehen den Igel und flüstern sich zu:
„Der Igel will schlafen, wir lassen ihn in Ruh'."
„Pst!" machen, leise wegschleichen

TIPP Können die Kinder die Handlung nacherzählen? Wer kommt als Erstes und stört den Igel? Wer als Zweites? Das Erinnern von bestimmten Reihenfolgen kann den Kindern später, beispielsweise in der Schule, helfen, wenn sie längere Inhalte nacherzählen möchten.

Förderschwerpunkt: Stationen und Reihenfolgen in Texten erkennen • Merkfähigkeit

Ab 3 Jahren

Der Wichtel Pit

Ein Fingerlauf-Fingerspiel

Das Laufen mit zwei Fingern auf Tisch, Arm oder Oberschenkel trainiert die Feinmotorik, es sensibilisiert die Fingerspitzen und stärkt Muskeln und Sehnen in den Fingern. In diesem Fingerspiel erleben die Kinder auf diese Weise mit, was dem kleinen Wichtel auf dem zugefrorenen See passiert. Ob sie sich ein Ende für die Handlung ausdenken können?

Der Wichtel Pit läuft durch den Wald,
nass ist es heute und bitterkalt.
mit zwei Fingern auf dem Oberschenkel oder einfach in der Luft laufen

Ein See mit Eis taucht vor ihm auf,
traut er sich auf's Eis wohl drauf?
Pause

Hui, wie das schlittert, hui, wie das flutscht,
beinahe wär er ausgerutscht.
mit den Fingern das Rutschen nachmachen

Doch, kracks, da bricht es ein, oh Schreck,
der Wichtel? Der ist plötzlich weg!
Die Hand hinter dem Rücken verstecken: Können die Kinder sich ausdenken, wie der Wichtel wohl gerettet werden könnte?

TIPP Das Ausdenken, Anderserzählen oder Weitererzählen von Geschichten regt die Fantasie der Kinder an und lädt sie zum Sprechen, Fabulieren und Erzählen ein. Wenden Sie diese Methode auch bei Bilderbüchern an. Fragen Sie die Kinder, wie man sie anders oder weitererzählen könnte.

Förderschwerpunkt:
Feinmotorik · Körpergefühl · Weitererzählen von Geschichten

Der Pusteblumengarten

Ab 3 Jahren

Ein Körperwahrnehmungsspiel zum Mitpusten

Pusten trainiert die Mund- und Atemmuskulatur und kann darum auch bei der Sprachbildung und Sprachförderung helfen. In diesem Fingerspiel müssen die Kinder zuerst ganz wenig, dann ganz kräftig mitpusten.

Die Pusteblumen wiegen sich hin und her,
ein ganz kleines Lüftchen, das mögen sie sehr.
im Stehen hin und her und vor und zurück wiegen,
ganz zart pusten

Der Wind wird jetzt stärker, beginnt kräftig zu wehen,
sie schwanken sehr, können kaum noch stehen.
im Stehen schwanken, das Gewicht von einem auf
das andere Bein verlagern, stärker pusten

Der Wind wird noch stärker und schlimmer jetzt,
die Blumen halten ihre Schirmchen fest.
im Stehen die Arme über dem Kopf verschränken
und sich ducken, ganz fest pusten

Da lassen sie ihre Schirmchen fliegen,
keiner weiß, wo sie jetzt liegen.
die Hände/Arme lösen und hoch in
die Luft strecken, nicht mehr pusten

TIPP Können die Kinder das Wiegen und später das Schwanken vormachen? Und wissen die Kinder, wie Pusteblumen aussehen? Die kleinen Schirmchen tragen die Samen der Pflanzen. Wo sie landen, kann der Samen keimen und eine neue Pflanze kann wachsen.

Förderschwerpunkt: Mund- und Kiefermotorik · Mundmuskulatur und -sensorik

Ab 3 Jahren

Die Hexen gehen (doch nicht) zum Fest

Ein Fingerspiel zum Erinnern und Weitererzählen

Die Hexen in diesem Fingerspiel würden ja gern zum Fest gehen, aber ob das noch klappt? Was meinen die Kinder dazu?

Fünf kleine Hexen, die wollen zum Fest,
das findet heut statt in Budapest.
die Hand mit den fünf Fingern zeigen

Die erste findet ihre Schuhe nicht,
die zweite hat für ihren Besen zu viel Gewicht.
Die dritte sucht ihren Zauberhut,
die vierte hat Angst und zu wenig Mut.
Die fünfte hat Zahnweh, es schmerzt das Gesicht.
Eines ist klar: Dann geht's eben nicht.
nacheinander die Finger einklappen

Da sitzen die Hexen zusammen und lachen,
ratet mal, was sie noch Schönes machen.
in die Hände klatschen

TIPP Was haben die Kinder für Ideen: Was könnten die Hexen unternehmen, jetzt, wo sie nicht zum Fest gehen?

Förderschwerpunkt: Textverstehen · Fantasie und Kreativität

Das ist der Daumen

Ab 2 Jahren

Logische Folgen in einem bekannten Fingerspiel

Im bekannten Fingerspiel vom Daumen und den Pflaumen lernen die Kinder gleich zwei Reihenfolgen kennen: einmal die der Finger einer Hand vom Daumen bis zum kleinen Finger und außerdem auch die Reihenfolge, in der Pflaumen geerntet werden. Eine gute Vorläuferübung fürs spätere Geschichtenerzählen und generell für das sprachliche Wiedergeben und Darstellen von Abläufen.

Das ist der Daumen,
den Daumen zeigen

der schüttelt die Pflaumen.
den Zeigefinger zeigen

Der hebt sie auf,
jetzt den Mittelfinger ausstrecken

der trägt sie nach Haus
den Ringfinger zeigen

und der kleine hier, der isst sie alle, alle auf.
den kleinen Finger zeigen und damit wackeln

Förderschwerpunkt: Textverstehen · Abläufe beim Erzählen

Ab 3 Jahren

Die Feen backen Kuchen

Vorgangsbeschreibung im Mitmachgedicht

Im Gedicht vom Kuchenbacken können die Kinder wieder, wie beim Fingerspiel vom Daumen, miterleben, welche Schritte der Reihe nach notwendig sind, um zu einem Ergebnis zu kommen.

Die Feen backen heute Kuchen,
der ist so gut, den müsst ihr versuchen.
über den Bauch streichen und „Hmmm!" rufen

Zuerst kommen Mehl und Nüsse hinein,
dazu zwei Eigelb, die rühren wir ein.
das Schütten darstellen, dann Umrührbewegungen

Eine Prise vom Zauberpulver noch dazu,
dazu noch Bananen, zerdrückt, juhu!
mit zwei Fingern das Streuen darstellen,
dann das Zerdrücken der Bananen

Ein Tässchen Nektar – schwupps – in den Teig
und ein paar Beeren, gepflückt vom Zweig.
das Einschütten darstellen, dann wieder mit
zwei Fingern das Pflücken

Jetzt müssen wir rühren, immer im Kreis,
herum und herum, dazu braucht man Fleiß.
das Rühren nachmachen

Jetzt noch Schokolade mit Messern hacken,
die kommt obendrauf und dann muss es backen.
erst das Hacken darstellen, dann den Kuchen
pantomimisch in den Ofen schieben,
zum Schluss die Hände gegeneinanderschlagen
oder -reiben

Förderschwerpunkt:
Textverstehen · Reihenfolgen erkennen

Pit und das Mäuschen

Orts- und Richtungsangaben zum Nachspielen

Ab 4 Jahren

In diesem Reimspiel lernen die Kinder Orts- und Richtungsangaben in Form von in, auf, unter, unten kennen, vor allem, wenn sie die Handlung nachspielen und mit eigenen Worten wiedergeben. Diese kleinen Wörter heißen Präpositionen und Adverbien.

MATERIAL eine kleine Wichtelfigur · eine kleine Maus-Spielzeugfigur · Schuhkarton, nach Wunsch als Häuschen angemalt · zwei Eicheln und zwei Haselnüsse mit Schale

Im Wald, da steht ein ganz kleines Häuschen,
so winzig wie fur ein kleines Mauschen.
Darin wohnt, ihr ahnt es, der Wichtel Pit
und auch ein Mäuschen, das wohnt dort mit.
den Schuhkarton zeigen, in dem Pit und die Maus sitzen

Der Pit steigt heut auf sein Häuschen drauf,
vom Dach aus, da guckt er in die Welt hinaus.
Die Maus steht unten und traut sich nicht rauf,
Mäuse gehören auf Dächer nicht drauf.
den Wichtel auf das Haus stellen, die Maus bleibt unten

Die Maus gräbt unter dem Häuschen ein Loch,
das können Mäuse nämlich doch.
Dort lagern sie Eicheln und Nüsse vom Strauch,
die kommen in den Keller unters Häuschen auch.
die Nüsse und Eicheln unter das Haus legen

Förderschwerpunkt: Orts- und Richtungsangaben · Präpositionen und Adverbien

Ab 3 Jahren

Als die Drachen nicht aufwachen wollten

Ein Fingerspiel zum Mitdenken

In diesem Fingerspiel möchte die Prinzessin Fifi gerne Tee kochen, aber dazu braucht sie ein Feuer. Und für das Feuer braucht sie einen Drachen, der es anpustet. Leider schlafen die faulen Drachen aber lieber. In diesem Fingerspiel müssen die Kinder selbst mit aufpassen, bei welchem Drachen/Finger sie gerade sind.

„Komm, lieber Drache, wach doch mal auf,
spei Feuer auf meine Hölzer drauf!“
So bittet Prinzessin Fifi das Tier,
es schüttelt den Kopf, so bleiben noch vier.
die Hand mit den fünf Fingern zeigen, den Daumen einklappen

„Komm, lieber Drache, wach du doch mal auf!“
Der zweite Drache macht nur: Schnauf, schnauf!
den Zeigefinger ebenfalls einklappen

Förderschwerpunkt: Textverstehen · Aufmerksamkeit

„Dann, lieber Drache, frage ich dich:
Du speist mir doch Feuer sicherlich?"
Der dritte Drache schüttelt den Kopf.
„Ich spei' doch kein Feuer für den Tee im Topf!"
den Mittelfinger ebenfalls einklappen

Der vierte Drache gähnt und schläft weiter,
hat auch keine Lust, leider, leider.
den Ringfinger einklappen, sodass nur noch der kleine Finger zu sehen ist

Der fünfte Drache ist noch ganz klein.
„Willst du mein Feuerspeier sein?",
fragt Fifi und streichelt ihn auch,
den kleinen Drachen an seinem Bauch.
mit dem kleinen Finger wackeln

Da muss er lachen und – fump! – kommt ein Feuer,
Drachen sind ja einfach Ungeheuer.
Jetzt brennt das Feuer für Tee und mehr.
Fifi und der Drache? Die freuen sich sehr.
in die Hände klatschen

Ab 4 Jahren

Fünf kleine Windchen

Ein Fingerspiel mit Pfeifen und Pusten

Ihre Kinder können noch nicht pfeifen? Es reicht auch, wenn sie einfach nur den Mund ganz spitz machen, um das Windgeräusch nachzumachen, sodass die Luft zischend oder ganz leise pfeifend entweichen kann – ein gutes Training für Mund- und Kiefermuskulatur!

Ein kleiner Wind pfeift um das Haus,
ein zweiter kommt, mit mehr Gebraus.
zunächst den Daumen, dann den Zeigefinger aus der Faust hervorziehen, zuerst leise, dann lauter das Windgeräusch nachmachen

Ein dritter noch, es pfeift und weht,
ein vierter kommt, der schneller geht.
Mittel- und Ringfinger hervorziehen und weiter pusten und/oder pfeifen (die Kinder entscheiden)

Der fünfte Wind, der schläft noch fest.
Die anderen, die wecken ihn jetzt.
mit der anderen Hand nun auch den kleinen Finger aus der Faust hervorziehen

Da fängt auch er zu pusten an,
Kinder, zieht euch bloß warm an!
mit allen fünf Fingern wackeln

Förderschwerpunkt: Mundsensorik · Mund- und Kiefermuskulatur

Fingerspiele und Gedichte

mit viel Bewegung

In diesem Kapitel verbinden sich Reime mit Bewegung und Körpergefühl. Das ermöglicht den Kindern, die Handlungen der kleinen Fingerspiel-Geschichten mit dem ganzen Körper oder den Fingern nachzuempfinden. Und auch ein bisschen Musik und Rhythmus sind zum Teil mit dabei.

Ab
3
Jahren

Die Vögel brechen auf

Ein Mitmachgedicht für die Arme

Bei diesem Mitmachreim können die Kinder vor allem ihre Arme einsetzen. Das kräftigt die Armmuskulatur. Gleichzeitig schlüpfen die Kinder in die Rolle von Zugvögeln.

Wenn es kalt wird, dann ist es bald so weit.
Blätter fallen, bald kommt die Winterzeit.
das Frieren darstellen: mit beiden Händen die Arme reiben, dann das Blätterfallen mit den Fingern nachmachen

Dann brechen die Vögel auf zu ihrer Reise,
schütteln die Flügel, treffen sich im Kreise.
die Arme ausschütteln

Sie breiten ihre Flügel ganz weit aus,
fliegen davon, weg von zu Haus'.
die Arme ausbreiten, dann langsame Flugbewegungen machen

Bald kannst du sie kaum noch sehen,
ihr Vögel, macht's gut, auf Wiedersehen!
die Hand über die Stirn legen wie beim Nachschauen, dann winken

Förderschwerpunkt: Konzentration · Hinhören · Armmuskulatur

Gewitterrakete

Ein Klopf-und-Trampelspiel

Ab 3 Jahren

Bei diesem Gedicht können sich die Kinder ordentlich austoben und mit Händen und Füßen auf den Boden trommeln. Sie stellen dabei ein Gewitter mit Regen und Donner dar.

Schaut nur, wie die Sonne vom Himmel lacht,
dann kommen Wolken, es regnet ganz sacht.
nach oben gucken, dann mit den Fingerspitzen leise
auf den Boden trommeln

Noch mehr Wolken und ein Wind kommt: hui!
Jetzt regnet es schlimmer, uijuijuijui!
mit den Armen die Wolken zeigen, pusten oder „uij!" rufen,
mit den Fingern kräftig auf den Boden trommeln

Donner kracht und Blitze zucken,
dass Tiere sich in Verstecke ducken.
mit den Händen und Füßen auf den Boden trommeln

Dann ziehen die Wolken wieder weiter,
der Himmel wird jetzt wieder … heiter.
mit den Händen pantomimisch die Wolken „wegschieben",
das letzte Wort dürfen die Kinder raten

Förderschwerpunkt: Konzentration • Körperwahrnehmung

Ab 3 Jahren

Sonnenblumentanz

Ein Dreh-dich-Mitmachgedicht zum Lachen

Sonnenblumen drehen ihr Köpfchen immer der Sonne zu. Das können die Kinder super beobachten, wenn Sie eine oder mehrere Sonnenblumen im Kita-Garten pflanzen. Ob die Kinder sich auch der Sonne zudrehen können?

Am Morgen geht die Sonne auf,
die Sonnenblumen warten schon drauf.
aus der Hocke heraus ganz groß werden

Sie drehen der Sonne das Köpfchen entgegen,
der schönen Sonnenstrahlen wegen.
sich nach rechts drehen und ganz groß machen

Dann wandert die Sonne am Himmel ganz weit,
die Sonnenblumen recken sich hoch, es ist Mittagszeit.
sich noch weiter nach rechts drehen und noch mehr strecken

Am Abend sinkt die Sonne herab,
die Blumen drehen sich mit, senken die Köpfchen ab.
sich noch weiter nach rechts drehen und die Arme über dem Kopf zusammenführen, dann wieder so in die Hocke gehen

Und was machen die Blumen in der Nacht?
Wird jetzt gedreht, getanzt, gelacht?
die Kinder können tanzen und sich drehen

Nein, jetzt schließen die Blumen die Blüten zu,
schlummern ein bisschen und halten Ruh'.
jetzt wieder die Arme über dem Kopf zusammenführen und in die Hocke gehen, vielleicht Schnarchgeräusche machen

Förderschwerpunkt:
Aufmerksamkeit · Körperbewusstsein · Motorik

Heute Morgen ...

Ab 4 Jahren

Ein Finger- oder Bewegungsspiel für alle Fälle

Diesen Reim können Sie als Fingerspiel am Tisch durchführen (wie beschrieben) oder als Mitmachgedicht einfach mit passenden Bewegungen begleiten. Toll, wenn die Kinder die Tiere, die im Text vorkommen, schon kennen. Sonst können Sie sie im Internet oder in Bilderbüchern angucken.

Heute Morgen habe ich die Tiere gesehen,
sie wollten zum Trinken an den Bachlauf gehen.
die Hand über die Augen legen

Als Erstes kam ein Storch vorbei,
auf langen Beinen, eins, zwei, drei.
mit zwei Fingern über die Tischplatte laufen

Als Nächstes kam der Elefant,
der stampfte und trampelte über das Land.
mit den Fäusten, immer eine Faust vor die andere, über die Tischplatte „laufen"

Als drittes kam ein Känguru angehüpft,
das war gerade erst aus dem Bett geschlüpft.
mit einem Finger auf der Tischplatte hüpfen

Zuletzt und ganz langsam, ich wollte schon gehen,
da hab ich noch eine Schnecke gesehen.
mit einem Finger als Schnecke über die Tischplatte laufen

Förderschwerpunkt: Feinmotorik · Wissen über Tiere

Ab 3 Jahren

Der Regenbogen

Ein Mitmachgedicht mit allen Wettern

In diesem Mitmachgedicht entsteht nach Sonne und Regen ein Regenbogen. Die Kinder können das Gedicht im Sitzen oder im Stehen mitspielen.

Warm ist es heute und schön ist es auch,
die Sonne scheint uns auf den Bauch.
die Sonnenstrahlen mit den Fingern
nachmachen oder die Hände öffnen und schließen,
dann über den Bauch reiben

Dann kommen Wolken und es regnet dazu,
Sonne und Wolken: Geht das? Nanu!
das Regnen mit den Fingern nachstellen,
beispielsweise die Finger
nach unten halten und damit wackeln

Jetzt hört der Regen auch wieder auf,
was nimmt wohl jetzt am Himmel seinen Lauf?
das Regnen nachstellen, dann aufhören

Ein großer Bogen, so schön und rund,
mit ganz vielen Farben, kunterbunt.
einen Bogen in die Luft malen

Förderschwerpunkt: Motorik · Körperwahrnehmung

Hand-und-Fuß-Musik

Ab 3 Jahren

Ein Trommelspiel mit Händen und Füßen

Dieses Mitmachgedicht macht am meisten Spaß, wenn alle auf dem Boden sitzen und die (Haus-)Schuhe und Strümpfe ausziehen.

Meine Hände können klatschen
oder auf den Boden patschen.
in die Hände klatschen, dann auf den Boden klatschen

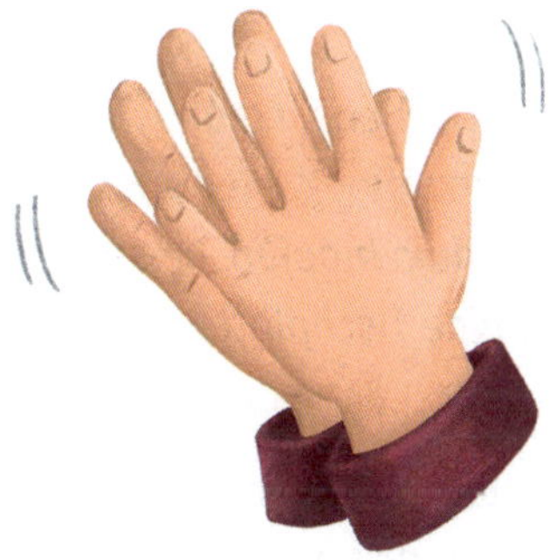

Meine Füße können trampeln
oder auf den Boden stampfeln.
mit den Füßen trampeln und stampfen

Meine Finger können tasten,
spielen oder auch mal rasten.
mit den Fingern auf den Boden tippen

Meine Zehen können tippen
oder auf und nieder wippen.
mit den Zehen auf den Boden tippen, dann damit wackeln

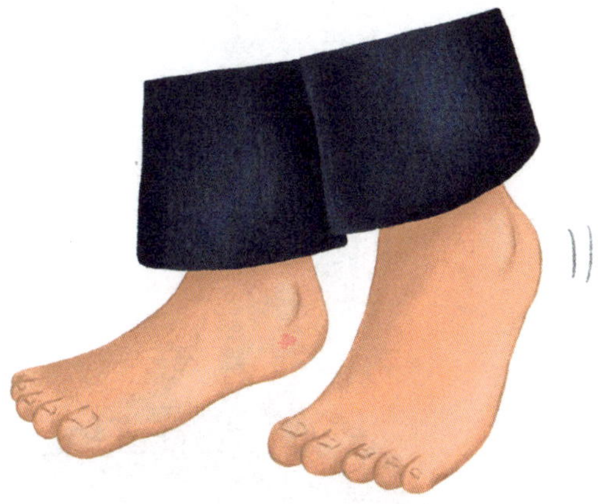

Förderschwerpunkt: Motorik · Körperwahrnehmung

Ab 4 Jahren

Die Erdmännchen recken die Hälse

Ein Finger- oder Mitmachspiel

Kennen Ihre Kinder Erdmännchen? Um besser sehen zu können, stellen sich die kleinen Tierchen auf die Hinterbeine und heben den Kopf. Das können die Kinder in diesem Fingerspiel nur mit den Fingern oder mit Bewegungen nachempfinden.

Die Erdmännchen sind ganz aufgeregt,
denn jemand klopft hier unentwegt.
leise irgendwo klopfen, beispielsweise auf den Boden oder auf eine Tischplatte

Das erste guckt aus seinem Bau,
das zweite auch, schaut ganz genau.
die Hand mit den eingeklappten Fingern hochhalten, den Daumen, dann den Zeigefinger herausziehen und hochhalten

Das dritte hebt jetzt auch den Kopf,
man hört's genau: klopfklopf, klopfklopf!
den Mittelfinger dazu hervorziehen

Das vierte reckt den Hals noch mehr,
wo kommt denn bloß das Klopfen her?
den Ringfinger dazunehmen

Sie lauschen und gucken: Wer klopft denn da?
Das fünfte? Das kichert, denn es weiß es ja.
mit dem kleinen Finger wackeln und dabei wieder leise klopfen

Förderschwerpunkt: Textverstehen · Feinmotorik

Auf die Plätze, fertig, los!

Ab 4 Jahren

Ein Laufgedicht zum Wach- und Warmwerden

Bei diesem Mitmachgedicht erleben die Kinder ein spannendes Wettrennen mit, denn sie schlüpfen in die Rolle von Sportler*innen.

Ein Rennen findet heute statt,
die Läufer kommen an den Start.
die Kinder stellen sich im Stehkreis auf

Sie schütteln die Arme und Beine aus,
ziehen auch ihre Jacken aus.
Arme und Beine ausschütteln, das Ausziehen der Jacken nachstellen

Jetzt gehen sie in die Startposition:
Achtung, fertig, los: Jetzt laufen sie schon.
in die Hocke gehen und nach vorne neigen wie zum Sprint, dann auf der Stelle gehen

Zuerst noch langsam, um Kraft zu sparen
und die Fitness zu bewahren.
langsam auf der Stelle laufen

Dann werden sie schneller und dann noch mehr,
jetzt rennen sie richtig und schnaufen schwer.
schneller auf der Stelle laufen, dann rennen

Da kommt das Ziel, juhu, sie sind da,
wenn das mal kein spannendes Rennen war!
jubeln, sich die Hand geben

Förderschwerpunkt: Motorik · Gefühl für schnell und langsam

Ab 4 Jahren

Versteck-dich-Tanz

Ein geisterhaftes Mitmachgedicht

Dieses Mitmachgedicht können Sie mit den Kindern als kleinen Tanz durchführen. Legen Sie nach Wunsch langsame Musik dazu auf. Aber auch nur gesprochen macht dieser sportliche Reim Spaß. Am Ende suchen sich die Kinder Verstecke.

MATERIAL nach Wunsch CD-Spieler mit leiser Musik

Die Geister schweben umher im Raum,
weiß und durchsichtig, man sieht sie kaum.
die Kinder machen nach Wunsch zur Musik vor, wie Gespenster wohl schweben

Dann machen sie einen Geisterkreis,
schweben im Kreis, ganz leis, ganz leis.
die Kinder kommen zu einem Kreis zusammen und machen „Pst!"

Sie fassen sich an den Händen an,
heben die Hände gemeinsam dann.
die Hände fassen und die Hände hochheben

Sie setzen sich hin, stehen wieder auf,
so nimmt der Tanz jetzt seinen Lauf.
die Kinder setzen sich auf den Boden und stehen wieder auf, alles, während sie sich an den Händen halten

Sie gehen im Kreis, rund und rund,
Gespensterheulen kommt aus ihrem Mund.
an den Händen haltend im Kreis gehen und vormachen, wie Gespenster heulen

Sie setzen sich hin, stehen wieder auf,
so nimmt der Tanz jetzt seinen Lauf.
Wiederholung wie oben

Oje, die Nacht ist vorüber, es wird schon hell,
die Gespenster verschwinden jetzt ganz schnell.
die Kinder können sich Verstecke im Raum suchen

Förderschwerpunkt: Fitness · Motorik · Muskeltonus · Gleichgewicht

Robotertage

Ein Mitmachgedicht mit Roboterbewegungen

Ab 4 Jahren

Können sich Ihre Kinder bewegen wie Roboter? Hier können sie das ausprobieren, denn in diesem Mitmachgedicht schlüpfen sie in ihre Rolle. Vorab können die Kinder frei vormachen, wie sich Roboter ihrer Meinung nach bewegen.

Die Roboter schlafen ja eigentlich nie,
sie laden sich nur auf, an Hand und Knie.
die Kinder „laden sich gegenseitig auf", indem sie sich
eine Hand an das Knie legen oder sich gegenseitig mit einer Hand berühren

Dann stehen sie auf, sie sind gleich fit,
prüfen ihre Glieder: Macht alles mit?
mit den Armen und Beinen Roboterbewegungen machen

Dann stapfen sie los im Roboterschritt,
ziemlich langsam, jeder kommt mit.
die Kinder versuchen, wie Roboter zu gehen

Sie winken den Astronauten mit großem Juchu,
machen die Augen dabei mal auf und mal zu.
winken mit eckigen Roboterbewegungen,
die Augen auf- und zumachen

Sie drehen sich einmal ganz rundherum,
so sehen Roboter sich nämlich um.
mit Roboterbewegungen einmal um sich
selbst drehen

Förderschwerpunkt: Motorik · Körpergefühl · Gleichgewicht

Ab 3 Jahren

Heute gehen wir in die Berge

Ein Anzieh-und-Mitmachgedicht

Ihre Kinder können auf angenehme Weise mit diesem kleinen Reim das Anziehen üben. Aber es wird auch sportlich, denn die Kinder stellen hier das Bergaufgehen nach und auch das Klettern – und das kann auch als Trockenübung ganz schön anstrengend werden.

Heute wollen wir wandern gehen,
die Berge, die Bäume, die Wiesen sehen.
die Kinder stellen sich in einem lockeren Stehkreis auf

Zuerst ziehen wir uns Hosen an,
an die Füße kommen Strümpfe dran.
die Kinder stellen das Anziehen der Hose,
dann das der Strümpfe pantomimisch nach

Schuhe zum Wandern, bequem und fest,
die kommen an die Füße jetzt.
das Anziehen der Schuhe darstellen,
vielleicht ein paarmal stampfen

Dann eine Jacke gegen Regen und Wind,
einen Schal, eine Mütze, das klappt geschwind.
das Anziehen von Jacke, Schal und Mütze nachmachen

Förderschwerpunkt: Anziehen lernen · Motorik

Ein Rucksack mit Broten und etwas Tee,
dann geht es los! Endlich! Juchee!
das Aufsetzen des Rucksacks nachmachen, in die Hände klatschen

Wir wandern ein Stückchen am Wald vorbei,
jetzt geht es aufwärts, auwei, auwei.
zuerst auf der Stelle gehen, dann die Knie beim Gehen weit anheben, keuchen

Jetzt müssen wir klettern, so steil wird es nun,
endlich oben, jetzt können wir ruh'n.
das Klettern nachstellen (immer einen Arm und ein Bein über Kreuz/diagonal anheben und so Kletterbewegungen machen)

Wir essen ein Häppchen und stärken uns auch,
Tee und Brote: rein in den Bauch.
das Essen und Trinken nachmachen, über den Bauch streichen

Dann geht's wieder runter, im Sauseschritt,
manchmal rutschen wir auf dem Popo mit.
schnell auf der Stelle laufen, nach Wunsch auf den Po setzen, die Beine hochhalten und damit Laufbewegungen machen

Dann wieder am Wald entlang und zurück,
schon sind wir zu Hause, was für ein Glück!
Gehbewegungen auf der Stelle, in die Hände klatschen, etwas ausruhen

Ab 3 Jahren

Im Schlangendschungel

Ein Kriech-und-Schlängel-Gedicht

Gucken Sie sich Fotos oder Videos von Schlangen an. Können die Kinder vormachen, wie Schlangen sich bewegen? Dann können sie starten und bei diesem Schlingel-Schlangel-Reim mitmachen, bei dem sie in die Haut von Schlangen im Dschungel schlüpfen.

Im tiefen Dschungel, unter Büschen und Blättern,
dort muss man kriechen, man kann nicht mehr klettern.
die Kinder legen sich auf den Boden

Dort leben die Schlangen, noch schlafen sie fest,
zusammengekringelt im Schlangennest.
die Kinder kringeln sich ganz klein zusammen

Doch jetzt wachen sie auf, strecken sich lange,
sehen fast aus wie eine Stange.
die Kinder strecken und recken sich gemütlich

Dann kriechen sie los, auf Beute aus,
wie wäre es wohl mit einer Maus?
die Kinder kriechen als Schlangen auf dem Boden

Sie schlängeln sich durch den Dschungel und … schnapp!
Da haben sie was – und geben's nicht ab.
die Kinder machen vor, wie die Schlangen sich eine Beute schnappen;
fragen Sie die Kinder, was sie wohl gefangen haben

Förderschwerpunkt: Fitness · Motorik · Muskeltonus · Fantasie und Vorstellungsvermögen

Fingerspiele

und mathematische Grunderfahrungen

Schon allein durch das Aufzählen, das in vielen Fingerspielen vorkommt, können die Kinder mathematische Erfahrungen machen. Auf den folgenden Seiten finden Sie solche Fingerspiele, aber auch Reime, bei denen die Kinder wirklich zählen und ein kleines bisschen rechnen können.

Ab 4 Jahren

Fünf Dinosaurier

Ein Fingerspiel zum Mitzählen

Die Dinosaurier in diesem Fingerspiel geben ganz schön an. Mit diesem Reim können die Kinder sie kennenlernen und dabei bis fünf mitzählen. Ob der kleinste Dinosaurier dabei der schwächste ist? Nach Wunsch können Ihre Finger hier Dino-Fingerpuppen tragen.

„Ich bin der schrecklichste Dino im Land!",
sagt der erste. „Und größer sogar als ein Elefant!"
den Daumen zeigen und damit wackeln

„Dafür hab ich die größten Krallen!",
sagt der zweite. „Und zwar die größten von allen!"
den Zeigefinger zeigen und damit wackeln

„Ich habe Zähne wie Messer so spitz!",
sagt der dritte mit Namen Fritz.
das Gleiche mit dem Mittelfinger

„Ich hab einen Schwanz mit Schuppen und Zacken!",
sagt der vierte, „zum Nüsseknacken!"
den Ringfinger zeigen und damit wackeln

„Ich bin der Klügste!", sagt der Kleinste von allen.
„Und das ist besser als Zähne und Krallen."
den kleinen Finger zeigen

Förderschwerpunkt: Auditive Wahrnehmung · Zählen bis fünf

Zehn Schmetterlinge

Ab 4 Jahren

Ein Fingerspiel, um bis zehn zu zählen

In den meisten Fingerspielen zählen die Kinder „nur" bis fünf. Im Fingerspiel von den Schmetterlingen geht es bis zur Zehn und Sie spielen es mit den Kindern mit beiden Händen.

Ein Schmetterling landet auf unserer Wiese,
er ruht sich hier aus, sein Name ist Liese.
Ein zweiter kommt an und setzt sich dazu,
ein dritter auch, er braucht etwas Ruh'.
Ein vierter kommt jetzt mit Hunger im Bauch,
ein fünfter, ein sechster, die hungert es auch.
Ein siebter ruft: „Kommt, lasst uns Nektar trinken!"
Ein achter kommt an, fängt gleich an zu winken.
Ein neunter und zehnter, die kommen geflogen,
sind gleich um die Ecke vom Kindergarten gebogen.
nacheinander die zehn Finger zeigen

Dann fliegen sie weiter im Sonnenschein,
hoffentlich können sie bald wieder bei uns sein!
die beiden Hände aneinanderlegen und Flugbewegungen machen, winken

Förderschwerpunkt: Zählen und Zahlen · Feinmotorik

Ab 4 Jahren

Rudi rechnet

Ein Eichhörnchen-Fingerspiel zum Zählen und Rechnen

In diesem Fingerspiel begleiten die Kinder das Eichhörnchen Rudi beim Sammeln und Zusammenzählen von Nüssen. Nach Wunsch können Sie für den Zeigefinger eine Eichhörnchen-Fingerpuppe verwenden oder Sie malen die Fingerkuppe entsprechend an. Sie können auch mit echten Bucheckern oder Haselnüssen spielen.

Rudi geht heut auf Bucheckern-Suche,
gleich hier unter seiner Lieblingsbuche.
einen Zeigefinger zeigen und damit wackeln

Eins, zwei, drei, vier:
So viele Bucheckern hat Rudi hier.
an den Fingern bis vier abzählen, nach Wunsch zusätzlich vier Bucheckern oder ersatzweise Haselnüsse hinlegen

Noch zwei dazu, macht das dann acht?
Rudi weiß nicht, wie viel das macht.
noch zwei Finger (ersatzweise Bucheckern oder Haselnüsse) dazunehmen: Können die Kinder abzählen, wie viele Nüsse Rudi hat?

Förderschwerpunkt: Feinmotorik · Zählen · erstes Rechnen

Igeltreffen

Ab 4 Jahren

Ein Fingerspiel zum Addierenlernen

In diesem Fingerspiel kuscheln sich die Igel für den Winter zusammen ein. Aber wie viele sind es genau? Das können die Kinder selbst ausrechnen oder nachzählen.

Wisst ihr, was der kleine Igel macht.
Gerade wird es dunkel, jetzt ist es Nacht.
Da wacht er auf und geht spazieren,
kalt ist es schon, er fängt an zu frieren.
den Daumen zeigen und damit wackeln

Da trifft er einen Igelfreund, juhu,
noch zwei Igelchen kommen dazu.
So laufen sie eine Weile und schnaufen,
anstrengend ist's, durch das Laub zu laufen.
noch einen Finger und dann noch zwei weitere Finger zeigen

Sie kuscheln sich hinein ins Igelnest,
bald wird es Winter, da schlafen sie fest.
Doch da kommt noch schnell ein Igel gelaufen,
den hört ihr auch noch keuchen und schnaufen.
noch einen weiteren Finger dazunehmen und zeigen

Ich frage mich nur: Wisst ihr es jetzt:
Wie viele Igel schlummern im Nest?
die Kinder zählen und antworten lassen

Förderschwerpunkt: Feinmotorik · Zählen · Addieren

Ab 4 Jahren

Die Meisen gehen schlafen

Ein Fingerspiel zum Rückwärtszählen

Bei diesem Fingerspiel zählen die Kinder von fünf rückwärts und begleiten so die Meisen in den Schlaf.

Es war einmal in stiller Nacht,
da haben fünf Meisen die Augen zugemacht.
flüstern, die Hand mit den fünf Fingern zeigen

Die fünfte hat sich noch umgeblickt,
und – schwupps! – schon war sie eingenickt.
den Daumen einklappen

Die vierte, die suchte sich ein Blatt als Decke,
dort schnarchte sie dann mit einer Schnecke.
den Zeigefinger einklappen, schnarchen

Die dritte saß in einer Höhle im Baum,
gemütlich war's da, man hörte sie kaum.
den Mittelfinger einklappen

Die zweite kuschelte sich schnell noch dazu,
so hielten die Meisen dann ihre Ruh'.
den Ringfinger einklappen

Die letzte Meise, die fand kein Versteck,
da winkten die andern und schon war sie weg.
mit dem kleinen Finger wackeln, dann den Finger unter den Arm/die Achsel stecken und die Hand wegnehmen

Förderschwerpunkt: Feinmotorik · Rückwärtszählen · Subtrahieren

Die Sterne gehen aus

Ab 4 Jahren

Ein Fingerspiel zum Rückwärtszählen von zehn bis null

Klar, die Sterne scheinen eigentlich immer. Bei Tag sieht man sie nur nicht, weil das Sonnenlicht zu hell ist. In diesem Fingerspiel machen die Sterne, kaum wird es Tag, nach und nach ihre Lichter aus. Die Kinder können zehn davon dabei begleiten.

„Der Morgen kommt!“, so rufen die Sterne,
den Morgen mögen sie sehr gerne.
beide Hände mit den zehn Fingern zeigen und mit den Fingern wackeln

Jetzt hören sie auf zu funkeln,
man sieht sie ja eh nur im tiefen Dunkeln.
die Hände auf- und zumachen, um das Funkeln darzustellen, zuerst schnell, dann langsamer

Der zehnte Stern, der gähnt und winkt,
der neunte geht mit, kaum noch was blinkt.
Der achte und siebte gehen nach Haus.
Der sechste und fünfte machen ihre Lichter aus.
Der vierte und dritte schlafen schon fast,
der zweite folgt schnell in großer Hast.
immer einen Finger mehr einklappen, sodass nur noch ein letzter (kleiner) Finger übrig bleibt

Der letzte Stern ist übrig allein,
da wird er ganz müde und schläft auch noch ein.
den letzten Finger auch noch einklappen

Jetzt haben die Sterne ihr Licht ausgemacht,
doch warte nur ab: Bald wird's wieder Nacht!
die beiden Fäuste zeigen

Förderschwerpunkt: Feinmotorik · Konzentration · Rückwärtszählen

Ab 4 Jahren

Geburtstag bei den Wichteln

Ein Fingerspiel zum Subtrahieren(lernen)

Wenn die Wichtel Geburtstag feiern, geben sie den Tieren und der Hexe natürlich auch was vom Geburtstagskuchen ab. Wie viele Stücke am Ende wohl noch für sie übrig bleiben?

Bei den Wichteln, da gibt es heute ein Fest:
mit Geburtstagstorte im Wichtelnest.
Zehn Stücke haben die Wichtel geschnitten,
eins bekommt der Rabe – auf sein Bitten.
zehn Finger zeigen, einen Finger einklappen

Vier Stücke verputzen die Wichtel ruck, zuck,
das nächste, das schnappt sich die Hexe Muck.
zuerst vier Finger, dann noch einen Finger einklappen

„Ach, nur ein Stückchen, das könnt ich vertragen!",
bettelt das Eichhörnchen mit leerem Magen.
Na gut, die Wichtel sind so nett,
es ist ja schon spät, sie gehen ins Bett.
noch einen weiteren Finger einklappen

Wie viele Stückchen sind jetzt noch da?
Für morgen zum Naschen – das ist doch klar.
die Kinder zählen und antworten lassen

TIPP Sie können den Text auch immer wieder abändern, beispielsweise können die Wichtel auch gleich fünf oder sechs Kuchenstücke aufessen. Dann haben sie eine neue spannende Rechenaufgabe für die Kinder.

Förderschwerpunkt:
Feinmotorik · Zählen · Subtrahieren

Der Kater ist ratlos

Ab 5 Jahren

Ein Mitzähl-und-Rechen-Fingerspiel

Bei diesem Fingerspiel müssen die Kinder nicht nur gut zählen können, sondern sie müssen auch ganz genau hinhören und schnell reagieren, damit sie – anders als der Kater – wissen, wie viele Mäuse gerade noch da sind.

Der Kater ist heute topfit,
er nimmt uns auf einen Streifzug mit.
Fünf Mäuse hat er schon gejagt,
doch eines der Mäuschen hat den Ausbruch gewagt.
fünf Finger hochhalten, einen Finger wieder einklappen

Ihm bleiben noch ..., doch jetzt geht's erst los:
Er fängt noch zwei neue, draußen im Moos.
die Kinder antworten lassen, dann zwei weitere Finger dazunehmen

Und noch drei kleine, ganz piepsige Dinger,
ihr könnt es schon zählen: Benutzt eure Finger.
noch drei Finger aufklappen und nachzählen, wie viele Mäuse es jetzt schon sind

Doch was ist denn das, da flitzen sie weg!
Fünf kleine Mäuse: weg im Versteck.
Das hat der Kater nicht erwartet,
ob er eine neue Jagd jetzt startet?
Wie viele Mäuse hat er denn noch?
Vielleicht reicht es ihm zum Fressen ja doch?
ausrechnen oder nachzählen, wie viele Mäuse geblieben sind

Förderschwerpunkt:
Feinmotorik · Konzentration · auditive Wahrnehmung · Addieren und Subtrahieren

Ab 5 Jahren

Der Mückenschwarm

Ein Fingerspiel mit Hoch- und Runterzählen

In diesem Fingerspiel müssen die Kinder wieder gut aufpassen und später abzählen oder nachrechnen, wie viele Finger sie noch übrig haben.

Ach, was ist das für ein Gesumm,
davon wird man ja ganz dusslig und dumm!
Zehn kleine Mücken fliegen wild umher,
zwei sind weg, man sieht sie nicht mehr.
mit den zehn Fingern wackeln, zwei Finger einklappen

Drei holt ein Vogel mitten im Fliegen,
zwei bleiben auf einer Autoscheibe liegen.
zuerst drei, dann noch zwei Finger einklappen

Da kommen fünf Mücken von Weitem dazu,
summen jetzt mit, es gibt keine Ruh'.
fünf Finger wieder dazunehmen

Da kommt ein Wind und pustet hinein,
fünf sind jetzt weg, wie viel werden's noch sein?
fünf Finger wegnehmen/einklappen und zählen/rechnen,
wie viele Mücken/Finger nun noch übrig sind

Förderschwerpunkt:
Feinmotorik · Konzentration · auditive Wahrnehmung · Addieren und Subtrahieren

Fingerspiele

für Konzentration und Aufmerksamkeit

Richtig gut auf Zack sein: Das müssen die Kinder bei den Fingerspielen in diesem Kapitel. Denn hier geht es um genaues Hinhören und schnelles Reagieren. Und auch kleine Überraschungen sind mit dabei.

Ab 4 Jahren

Das Faultier

Ein langsames Mitmachgedicht

Bei diesem Fingerspiel könnten die Kinder ein bisschen erschrecken, denn jeder andere außer dem Faultier würde sich von dem aufgeregten Vogel aus seiner Ruhe aufschrecken lassen.

Ein Faultier döst auf seinem Baum,
schnarcht nur leise, bewegt sich kaum.
ganz langsam sprechen, Schnarchgeräusche machen,
das Hängen am Baum mit den Armen nachstellen

Dann klettert es langsam, langsam herab,
weil es auch mal Hunger hat.
ganz langsame Kletterbewegungen machen

Es pflückt mit Ruhe ein Blatt,
noch eins dazu, dann ist es satt.
langsam das Pflücken und Essen nachmachen

Jetzt klettert es wieder zurück auf den Baum,
schnarcht nur ganz leise, bewegt sich kaum.
wieder langsame Kletterbewegungen

Da kommt ein Vogel angezischt,
beinahe hat er das Faultier erwischt.
ganz schnell mit der Hand durch die Luft wischen und
ganz laut sprechen; vielleicht ein bisschen die Kinder erschrecken

Doch glaubt ihr wohl, das Faultier erschrickt,
nichts da, es ist wieder eingenickt!
wieder Schnarchgeräusche machen

Förderschwerpunkt:
Körpergefühl · Verständnis für schnell und langsam

Wenn Mäuse schleichen

Ein Schwupps-weg-Fingerspiel

Ab 3 Jahren

Bei diesem Fingerspiel werden die Hände der Kinder zu Mäusen. Und die dürfen sich nicht von den Katzen fangen lassen. Sie können dieses Spiel auf einer Tischplatte oder auf dem Boden in einem engen Sitzkreis spielen oder – mit jüngeren Kindern – einfach auf dem Oberschenkel.

Wenn nachts die Mäuse leise tippeln,
auf Tassen balancieren, auf Schuhen wippeln,
mit den Fingerspitzen leise auf der Tischplatte trommeln

dann kann es sein, dass die Katzen sie schnappen,
denn die warten nur auf einen Happen.
laut mit der Hand auf die Tischplatte schlagen

Doch leise und schnell, wie Mäuse so sind,
witschen sie weg in ihr Häuschen geschwind.
mit den Mäusehänden schnell unter den Tisch huschen

ALS AUFPASS-SPIEL

Noch mehr Spannung kommt ins Spiel, wenn ein Kind oder Sie selbst die Katzen spielen. Versuchen Sie dann eine Hand, die nicht schnell genug verschwindet, bei „schnappen" sanft abzuschlagen oder einzufangen.

Förderschwerpunkt: Gefühl für laut und leise · Reaktionsgeschwindigkeit · Aufmerksamkeit

Ab 3 Jahren

Wer schnappt die Nuss?

Ein Eichhörnchen-Fingerspiel zum Aufpassen

Dieses Fingerspiel führen Sie am besten regelmäßig im Sitzkreis oder am Tisch durch. Denn so können die Kinder immer wieder ein spannendes Wettspiel machen und ihre Aufmerksamkeit, Geschicklichkeit und Reaktionsgeschwindigkeit trainieren. Halten Sie viele Nüsse bereit, damit möglichst jedes Kind einmal die Chance hat, sie zu ergattern. Dazu können Kinder (Eichhörnchen), die schon eine Nuss erbeutet haben, ausscheiden.

MATERIAL Haselnüsse (mit Schale)

Fünf Eichhörnchen huschen durch den Wald,
suchen sich Futter, der Winter kommt bald.
Das erste sucht Kastanien, hm, das ist gut!
Die machen ihm für den Winter Mut.
die Hand mit den fünf Fingern zeigen,
den Daumen einklappen

Das zweite sucht Eicheln mit einem Hut!
Die machen ihm für den Winter Mut.
die Hand mit den vier Fingern zeigen,
den Zeigefinger einklappen

Das dritte sucht Wurzeln, die schmecken so gut!
Die machen ihm für den Winter Mut.
die Hand mit den drei Fingern zeigen, den Mittelfinger einklappen

Das vierte sucht Bucheckern in großer Flut.
Die machen ihm für den Winter Mut.
die Hand mit den zwei Fingern zeigen, den Ringfinger einklappen

Das fünfte, das guckt noch, doch nichts ist mehr da.
Da! Eine Nuss, wie wunderbar!
Legen Sie die Nuss in die Mitte, wer kann sie als Erstes schnappen?

Förderschwerpunkt: Konzentration · Reaktionsgeschwindigkeit

Eulenjagd

Ein Fingerspiel zum Aufpassen und Zupacken

Ab 3 Jahren

Für dieses Fingerspiel nehmen Sie mit den Kindern am Tisch Platz. Die Kinder sind Eulen, die auf die Mäusejagd gehen. Ob ihre Jagd erfolgreich sein wird?

MATERIAL Tischtennisbälle · schwarzen, wischfesten Filzstift

Malen Sie die Tischtennisbälle mit dem Filzstift an, sodass aus jedem Ball ein Mäuschen wird (Augen, Ohren, Nase, Schnurrhaare aufmalen). Lassen Sie die Farbe gut trocknen, dann kann es losgehen. Versammeln Sie die Kinder um einen Tisch. Bei „schnappen" lassen Sie die Bälle auf den Tisch kullern, sodass die Kinder als Eulen sich ganz schnell je ein Mäuschen schnappen können. Gelingt es den Kindern so, dass keine Maus auf den Boden kullert?

Eulen kreisen in der Nacht,
doch noch haben sie keine Beute gemacht.
die Kinder lassen ihre Hände über der Tischplatte kreisen

Sie fliegen und fliegen, Rund um Rund,
und suchen was für den Eulenmund.
wie oben

Da kommen die Mäuschen, was für ein Happen,
kommt ihr Eulen, jetzt müsst ihr schnell ... schnappen!
die Kinder versuchen nach „schnappen"
je eine Maus (einen Tischtennisball) einzufangen

Förderschwerpunkt:
Aufmerksamkeit · Auge-Hand-Koordination · Reaktionsgeschwindigkeit · Feinmotorik

Ab 3 Jahren

Ich kenne fünf Wichtel ...

Ein Schlemmer-Fingerspiel

Für dieses Fingerspiel stecken sich die Kinder Himbeeren oder Oliven (je nach Geschmack der Kinder) auf die Fingerspitzen einer Hand. Können die Kinder die Früchte abknabbern, ohne sie von den Fingern zu nehmen? Dieser kleine Reim hilft dabei.

MATERIAL Himbeeren oder Oliven

Ich kenne fünf Wichtel – in aller Güte,
man möchte es kaum glauben, die essen gern Hüte.
die Hand mit den Himbeeren oder Oliven zeigen

Sie knabbern sie ab, das schmeckt ihnen fein,
wir wollen's erlauben, so soll es sein.
jetzt können die Kinder die Früchte abknabbern

Förderschwerpunkt: Körperwahrnehmung · Konzentration

Marie hat eine Idee

Ein Fingerspiel mit Überraschung

Ab 4 Jahren

Bei diesem Fingerspiel wartet am Ende eine Überraschung auf die Kinder. Nach Möglichkeit sollten die Kinder sie behalten dürfen. Der besondere Stein, den jedes Kind am Ende bekommt, kann, muss aber nicht als Gesprächsanlass dienen. Er kann auch einfach ein geheimer Glücksbringer sein.

MATERIAL für jedes Kind einen Halbedel- oder Muggelstein

„Ach, wenn ich nur ein Häuschen hätt'!",
sagt die kleine Maus Babett.
den Daumen zeigen

„Und wenn ich nur ein Häppchen zu fressen hätte!",
beschwert sich die kleinste, das Mäuschen Jette.
den Zeigefinger dazuzeigen

„Und wenn die Sonne doch nur mal schiene!",
beschwert sich mit Kummer die Maus Josefine.
den Mittelfinger dazunehmen

„Ach, wenn ich doch ein Witzchen zum Lachen hätte!",
wünscht sich jetzt noch die Maus Henriette.
noch den Ringfinger zeigen

„Dann wünschen wir uns von der Fee einen Stein!
Wer den hat, der muss nicht mehr traurig sein",
sagt die kleinste Maus aus der Runde mit Mut,
sie heißt Marie und trägt einen Hut.
die Steine zeigen, jedes Kind darf sich einen aussuchen; möchten die Kinder mitteilen, was sie sich von ihrem Stein wünschen könnten?

Förderschwerpunkt: Fantasie · Vorstellungsvermögen · Kommunikation · Aufmerksamkeit

Ab 3 Jahren

Eine Muschel auf Reisen

Ein Finger-und-Kreisspiel zum Reimen und Raten

Bei diesem Fingerspiel halten die Kinder ihre Hände unter den Tisch. Geben Sie einem Kind eine Muschel in die Hand. Unter dem Tisch geben die Kinder die Muschel im Kreis weiter, während alle gemeinsam den Reim sprechen. Ist der Reim zu Ende, müssen alle raten, bei wem die Muschel jetzt angekommen ist. Jedes Kind kann der Reihe nach einen Tipp abgeben, bis dasjenige Kind an der Reihe ist, das die Muschel in der Hand hält, und sie auf den Tisch legt. Wer hat richtig geraten?

Es war eine Muschel, die ging auf die Reise,
verschwand in den Wellen, heimlich und leise.

So wanderte sie von Ort zu Ort,
niemand weiß es, vielleicht ist sie fort.

Doch manchmal, da taucht sie wieder auf,
kommt aus den Tiefen des Meeres herauf.

Wer rät es, wer weiß es, wer kann es raten?
Wo können wir sie jetzt erwarten?

Förderschwerpunkt: Aufmerksamkeit · Feinmotorik · visuelle Wahrnehmung

Achtung, Krake!

Ein Aufpass-Reim für den Sommer

Ab 3 Jahren

Dieser Aufpass-Reim macht im Sommer draußen am meisten Spaß, wenn die Kinder nass werden oder planschen dürfen.

Die Kinder halten ihre Hände ins Planschbecken oder in eine große Wanne oder Schüssel mit Wasser. Achtung, auch bei kleineren Behältern müssen Sie immer Aufsicht führen! Sie selbst schwimmen mit Ihrer Hand als Krake durch das Wasser und schnappen sich eine Kinderhand – es sei denn, die Kinder passen gut genug auf und können sie schnell zurückziehen. Dazu können Sie diesen Reim sprechen und mit der Hand auf die Jagd gehen:

Es ist bekannt im Meer, an Land:
Kraken schnappen gern 'ne Hand.

TIPP Noch spannender wird es, wenn Sie Schaum im Wasser haben (ein geeignetes Kinderschaumbad verwenden), sodass die Kinder ihre Hand nicht genau sehen können. Wer möchte in der nächsten Runde den Kraken spielen?

Förderschwerpunkt: Aufmerksamkeit · visuelle Wahrnehmung

Ab 3 Jahren

Wisst ihr, wann die Vögel fliegen?

Ein Aufpass-und-Mitmachgedicht mit Zugvögeln

Bei diesem Gedicht müssen die Kinder gut aufpassen: Immer wenn im Text „fliegen" vorkommt, machen sie Flugbewegungen. Kommt dagegen „Winter" vor, reiben sie sich die Arme, als ob sie frieren würden. Wer kann das richtig gut, auch wenn die beiden Schlagworte schnell hintereinander im Text vorkommen?

Wisst ihr, wann die Vögel **fliegen**
zur **Winter**zeit ab in den Süden?
Sie **fliegen**, wenn's kalt wird im **Winter** so weit!
Sie **fliegen** ins Warme zur **Winter**zeit.

Dort ruhen sie aus von **Winter** und Schnee,
verschnaufen vom **Fliegen**, oje, oje.
Bei uns ist dann **Winter**, doch dort ist es schön,
hast du sie schon einmal **fliegen** geseh'n?

Förderschwerpunkt: Auditive Wahrnehmung · Aufmerksamkeit · Motorik

Fingerspiele

für Krippenkinder

Für Kinder bis drei Jahre dürfen Fingerspiele noch etwas kürzer oder einfacher sein. Einige der Fingerspiele in diesem Kapitel eignen sich außerdem zum Beruhigen, Trösten oder als Streichelspiele – entweder in der Eins-zu-eins-Situation oder im Sitzkreis.

Ab 1 Jahr

Kommt ein Vogel

Ein Handflächen-Streichelspiel

Streicheln Sie im Sprechtakt die Handfläche des Kindes (beispielsweise ein langsamer Streichler zu jeder Sprechzeile, ähnlich wie bei dem altbekannten Fingerspiel „Hier hast du 'nen Taler", siehe nächste Seite). Zum Schluss piepsen Sie gemeinsam mit dem Kind, um das Vogelpiepsen nachzumachen.

Kommt ein Vogel,
will dich streicheln.
Mit dem Flügelchen,
mit dem Beinchen,
mit dem Schnäbelchen
und zum Schluss,
wer hätt's gedacht,
da hat er noch mal „Pieps!" gemacht.

TIPP Sie können das Spiel auch mit einem Vogel-Kuscheltier spielen.

Förderschwerpunkt: Körperwahrnehmung · Sprachbildung

Hier hast du 'nen Taler

Ab 1 Jahr

Ein Streichel-und-Tröste-Fingerspiel

Dieses Fingerspiel kennen Sie vielleicht noch aus Ihrer eigenen Kindheit. Es eignet sich zum Trösten, weil es viel Körperkontakt braucht und durch das langsame Streicheln das Kind beruhigen kann. Streicheln Sie passend zum Sprechrhythmus immer wieder (zu jeder Verszeile) über die Handfläche des Kindes.

Hier hast du 'nen Taler,
so tun, als ob Sie eine Münze in die Kinderhand legen

geh auf den Markt,
über die Handfläche streicheln

kauf dir 'ne Kuh
über die Handfläche streicheln

und ein Kälbchen dazu.
über die Handfläche streicheln

Das Kälbchen hat ein Schwänzchen.
über die Handfläche streicheln

Dideldideldänzchen.
das Kind in der Handfläche kitzeln

Förderschwerpunkt: Körperwahrnehmung · Sprachbildung

Ab 2 Jahren

Fünf kleine Raupen

Ein Fingerspiel übers Wachsen und Verwandeln

Mit diesem Fingerspiel erleben die Kinder die Verwandlung von fünf kleinen Raupen zu Schmetterlingen mit. Sie können es auch vor der Schlafenszeit durchführen.

Fünf kleine Raupen, die sitzen auf 'nem Blatt,
fressen an dem Blättchen, futtern sich dran satt.
mit zwei Fingern eine Raupe zeigen

Die erste geht schlafen, auf Wiedersehen!
Die zweite gähnt schon, will auch jetzt geh'n,
die dritte ist müde, geht auch jetzt zur Ruh',
die vierte, die hat schon die Augen zu.
Die fünfte wünscht noch gute Nacht,
und hat schon die Augen zugemacht.
die fünf Finger hochhalten, nach und nach die Finger einklappen,
gähnen, Schnarchgeräusche machen

Dann schlafen sie ein Weilchen,
und noch ein Weilchen,
und noch ein bisschen.
Dann schlüpfen sie aus den Betten heraus,
doch jetzt sehen sie ja ganz anders aus:
Schmetterlinge sind sie geworden, wie schön,
ihr lieben Falter, auf Wiederseh'n!
beide Hände als Schmetterling aneinanderlegen
und damit „wegfliegen"

Förderschwerpunkt:
Sprachbildung · Naturwissen · auditive Wahrnehmung

Flieg mit den Raben!

Ein Kniereiter-Fingerspiel

Ab 18 Monaten

Bei diesem Kniereiter verbinden die Kinder Bewegung mit Fantasie und Sprache. Sie recken sich, machen sich ganz groß und dehnen vorsichtig die Muskeln im Halteapparat (Bauch, Brust, Schultern, Rücken). Nehmen Sie das Kind dazu auf den Schoß. Zu Beginn können Sie dem Kind, wenn es ihm angenehm ist, leicht die Arme führen.

Siehst du, die Raben fliegen dort oben?
Ja, da sind sie, am Himmel droben.
ganz weit nach oben gucken

Wir winken ihnen und recken uns weit,
hier fliegen sie zu jeder Zeit.
ganz groß machen und nach oben winken,
dazu eventuell die Arme des Kindes nach oben führen

Jetzt nehmen wir Anlauf und – huiiii – geht's hinauf,
wir fliegen mit ihnen in den Himmel hinauf.
das Kind auf den Knien reiten lassen,
leicht nach vorne neigen und dabei
gut festhalten

Förderschwerpunkt: Körperwahrnehmung · Motorik · Muskeltonus

Ab
1
Jahr

Zwei kleine Marienkäfer

Ein Puste-und-Versteck-Fingerspiel

Dieses Spiel können Sie in der Eins-zu-eins-Situation durchführen. Machen Sie es im Sitzkreis, dann müssen die Kinder die Marienkäfer selbst spielen.

Ein kleiner Marienkäfer sitzt auf dir drauf,
krabbelt an deinem Ärmchen hinauf.
mit einer Hand über den Arm des Kindes krabbeln

Ein zweiter kommt dazu, wie schön,
jetzt können sie spazieren gehen.
mit der zweiten Hand das Gleiche tun

Da kommt ein Windchen und pustet sie fort,
weg sind sie, an einem anderen Ort.
pusten, die Hände hinter dem Rücken verstecken

Förderschwerpunkt: Mundmotorik · Körperwahrnehmung · Sprachbildung

Kommt ein Mäuschen

Ab 1 Jahr

Ein Streichel-Fingerspiel für die Körperwahrnehmung

Für dieses Streichelspiel, bei dem das Kind seine Körperteile kennen und benennen lernen kann, brauchen Sie eine kleine Spielzeug- oder Kuscheltiermaus, die Sie auf das jeweilige Körperteil setzen.

MATERIAL ein Maus-Kuscheltier

Kommt ein Mäuschen, huscht herbei,
will so gerne bei dir sein.
die Maus zeigen

Es setzt sich auf dein Händchen, guck an!
Es kitzelt dich und streichelt dann.
die Maus auf die Hand setzen, leicht kitzeln oder streicheln, sofern es dem Kind angenehm ist

Dann setzt es sich auf dein Ärmchen, guck an!
Es kitzelt dich und streichelt dann.
wie oben, nun können Sie noch weitere Körperteile einfügen – je nach Signalen des Kindes

Dann muss das Mäuschen wieder weg,
schwupp, da flitzt es ins Versteck!
das Mäuschen hinter dem Rücken verstecken

Förderschwerpunkt: Körperwahrnehmung · Sprachbildung

Ab 2 Jahren

Raschelblätter

Ein Mitmachgedicht für die Herbstzeit

Breiten Sie selbst gesammelte Blätter auf dem Tisch oder in der Kreismitte aus. Die Kinder können darin in Ruhe wühlen, stampfen, tasten oder sich damit berieseln lassen. Verstecken Sie eine kleine Igelfigur unter den Blättern: Wer kann sie finden? Dieser Reim passt auch dazu.

MATERIAL einen kleinen Spielzeugigel

Blättchen schweben von Bäumen herab,
kommen herunter: Blatt für Blatt.
das Herabschweben mit den Armen darstellen

Die decken den Boden zu, immer mehr,
Tierchen wandern darin umher.
in den Blättern wühlen

Doch dann, eines Tages, kommt ein Wind ums Eck
und pustet die ganzen Blättchen weg.
die Blätter anpusten oder ein Blatt vor sich her pusten

Förderschwerpunkt:
Aufmerksamkeit · visuelle und taktile Wahrnehmung · Sprachbildung

Alle meine Fischlein

Ab 2 Jahren

Ein Fingerspiel zum Singen

Dieses Fingerspiel können die Kinder nicht nur mit den passenden Bewegungen begleiten, sondern Sie können es gemeinsam zur Melodie von „Alle meine Entchen" singen. Am meisten Spaß macht es im Stehkreis. Jüngere Kinder können aber auch im Sitzen mitmachen.

Alle meine Fischlein
schwimmen heut im Meer,
schwimmen hin und her,
mit der Hand „durchs Wasser schwimmen" oder Schwimmbewegungen mit den Armen machen

wackeln mit den Flossen,
das gefällt uns sehr.
im Stehen mit dem Po wackeln, im Sitzen einfach wippen oder die Arme bewegen

Alle meine Krabben
krabbeln heut ans Meer,
krabbeln hin und her,
mit der Hand über den Boden oder durch die Luft „krabbeln"

winken mit den Armen,
das gefällt uns sehr.
winken

Alle meine Schiffchen
schwimmen auf dem Meer,
schwanken hin und her,
mit der Hand das Fahren der Schiffe nachmachen und/oder im Sitzen hin und her wippen

blinken mit den Lichtern,
das gefällt uns sehr.
Hände hochhalten und öffnen und schließen, um das Blinken darzustellen

Förderschwerpunkt:
Gefühl für Musik und Rhythmus · Körpergefühl · Sprachbildung

Ab 2 Jahren

Fünf kleine Glückskäfer

Ein Fingerspiel mit ganz viel Glück

Dieses Fingerspiel können Sie und die Kinder mit Fingerbewegungen begleiten. Es passt aber auch als Mitmachlied auf die Melodie von „Es war eine Mutter".

Fünf kleine Käfer, die bringen dir Glück,
die wippen auf Blumen nach vorn und zurück.
die Hand mit den fünf Fingern zeigen, die Finger vor und zurück bewegen

Da kommt ein Windchen und pustet sie fort,
da fliegen sie zu 'nem anderen Ort.
mit den Händen als Käfer durch die Luft „davonfliegen"

Doch kaum ist der Wind weg, da kommen sie wieder,
wippen auf Blüten gleich auf und gleich nieder.
wie oben: die Finger vor und zurück bewegen

Dann kommt ein Regen, da fliegen sie weg,
suchen sich schnell noch ein gutes Versteck.
mit den Fingern den Regen darstellen, dann mit den Händen wieder „davonfliegen"

Doch kaum ist der Regen gegangen, oha!
Da sind auch die Käfer gleich wieder da.
wie oben: die Finger vor und zurück bewegen

Förderschwerpunkt: Feinmotorik · Aufmerksamkeit · Sprachbildung

Die kleine Maus geht Schlafen

Ab 1 Jahr

Ein Mittagsschlaf-Fingerspiel

Als kleines Ritual vor dem Mittagsschlaf empfiehlt sich dieses kurze Fingerspiel, bei dem fünf Mäuse zur Ruhe kommen.

Fünf kleine Mäuse, die schlafen jetzt ein,
wollen jetzt gerne im Mausbettchen sein.
die Hand mit den fünf Fingern zeigen

Die erste Maus, die schnarcht schon fest,
die zweite schließt die Augen jetzt.
den Daumen und den Zeigefinger einklappen

Die dritte reckt sich und deckt sich zu,
die vierte schläft schon voller Ruh'.
Mittelfinger und Ringfinger einklappen

Die fünfte Maus ist noch wach und fit,
doch dann, aus Gesellschaft, da schlummert sie mit.
den kleinen Finger auch noch mit einklappen,
Schnarchgeräusche machen

Förderschwerpunkt: Körpergefühl · Sprachbildung

IMPRESSUM

Bibliografische Information der Deutschen Bibliothek
Die Deutsche Bibliothek verzeichnet diese Publikation in der Deutschen Nationalbibliografie; detaillierte bibliografische Daten sind im Internet über http://dnb.ddb.de abrufbar.

1. Auflage 2023

Text: Suse Klein
Illustrationen: Tatjana Beimler
Abbildungen: Cover Fond © Kiwi Fruit Punch – creativemarket.com, Klebestreifen © Kbiscuit – AdobeStock

Satz & Gestaltung: Katrin Kleinschrot

Druck und Bindung: Grafisches Centrum Cuno, Calbe
ISBN 978-3-7806-5193-8